LES FINANCES

RÉPUBLICAINES

—⌘—

L. CARENNE

CONSEILLER GÉNÉRAL

—⌘—

(FÉVRIER 1887)

—⌘—

PAU
IMPRIMERIE ET LITHOGRAPHIE VIGNANCOUR

LES FINANCES

RÉPUBLICAINES

L. CARENNE

CONSEILLER GÉNÉRAL

(FÉVRIER 1887)

PAU

IMPRIMERIE ET LITHOGRAPHIE VIGNANCOUR

LES FINANCES RÉPUBLICAINES

I

« *Les finances*, a-t-on dit dans un langage familier, mais bien expressif, *c'est l'art de plumer la poule, sans la faire crier.* » Certes, nos hommes d'Etat républicains s'entendent à la plumer ! mais « *sans la faire crier* », c'est autre chose. Ils ont apporté à cette opération délicate une main si lourde, un entrain si malhabile, ils ont tellement pris à cœur la besogne, que la poule n'en peut plus et menace de ne plus pondre !... S'il n'y allait que de l'intérêt de ceux au profit desquels elle a presque exclusivement pondu durant ces dernières années, nous n'en aurions cure, en vérité, et nous assisterions indifférents à l'expérience qui s'accomplit sous nos yeux, et dont le résultat lamentable donne, en définitive, trop complètement raison à nos prévisions pessimistes.

Mais nous sommes tous intéressés, et très directement intéressés à l'expérience ; notre prospérité matérielle, le crédit et l'honneur du Pays lui-même sont engagés dans les aventures financières dans lesquelles on nous a si imprudemment lancés. Et voilà pourquoi, notre devoir est de crier, de crier très fort, au risque de nous faire taxer d'exagération, car lorsque des intérêts d'un ordre aussi élevé sont sérieusement compromis par les fautes des pouvoirs publics, c'est bien le cas de redire, après M. Jules Simon : « *Ce n'est pas l'exagération qui est périlleuse, c'est le silence qui est criminel !* »

Aussi bien, l'occasion est-elle propice pour jeter un coup d'œil en arrière et chercher à faire le bilan de la situation que l'administration républicaine nous a faite. Avant de rendre leur verdict dans une cause qui est la leur, les électeurs feront bien, ce me semble, de se donner la peine d'étudier le procès, d'en examiner les pièces, et de chercher à dégager les responsabilités.

Je crois utile, pour les aider dans ce travail nécessaire, de leur soumettre quelques chiffres... non des chiffres suspects, puisés à une source *réactionnaire*, mais des chiffres bel et bien *républicains*, que j'emprunterai pour la plus grande partie, à l'intéressante étude publiée récemment dans le journal *républicain* « *Le Temps*, » par l'honorable M. Germain, ancien sénateur *républicain*. J'ajoute que ces chiffres ne proviennent pas des *budgets*, qui sont de simples prévisions, des « *romans* » comme on l'a dit justement, mais bien des *comptes*, qui, eux, sont de « *l'histoire*, » c'est-à-dire le résultat des faits accomplis.

Il convient de prendre pour point de départ du travail comparatif auquel je vais rapidement me livrer, l'année 1874, qui est la première année normale depuis nos désastres de 1870. Les grands emprunts nécessités pour le règlement de l'indemnité de guerre sont alors terminés ; 700 millions d'impôts nouveaux ont été votés en 1872 et 1873. La dette, en 1874, est ce que la guerre l'a faite. Les impôts sont devenus ce que cette dette les a faits.

Les deux tableaux suivants font connaître, par année, le montant des recettes ordinaires, des dépenses ordinaires et extraordinaires, et des sommes consacrées à l'amortissement des emprunts, d'abord pour la période 1874-1877, pendant laquelle les conservateurs gouvernaient, et ensuite pour la période 1878-1885, durant laquelle les pouvoirs publics se sont trouvés dans des mains exclusivement républicaines.

Mais il est prudent peut-être d'expliquer, avant tout, pour ceux de mes lecteurs qui sont peu familiers avec les choses financières, que par *recettes ordinaires*, on entend les recettes normales, c'est-à-dire qui proviennent de l'impôt, des taxes assimilées, du produit des monopoles (tabacs, poudres, allumettes, etc.,) et des revenus demaniaux ; que les *dépenses ordinaires* ou du budget *ordinaire* sont celles qui correspondent à des besoins permanents, auxquels il doit être entièrement fait face avec les ressources *ordinaires* ; et que les dépenses *extraordinaires* ou du budget *extraodinaire*, sont celles qui, ayant un caractère imprévu, répondant à des besoins d'une urgence exceptionnelle et fortuite, sont payées au moyen de l'emprunt.

PÉRIODE CONSERVATRICE (1874-1877) (1).

ANNÉES	Recettes ordinaires.	DÉPENSES.			Sommes consacrées à l'amortissement.
		Budget ordinaire.	Budget extraordinaire	Total.	
1874	2.506	2.582	117	2.699	205
1875	2.700	2.626	265	2.891	230
1876	2.775	2.680	326	3.006	156
1877	2.780	2.716	309	3.025	156
Totaux.......	10.761	10.604	1.017	11.621	747
Moyennes annuelles.	2.690	2.851	254	2.905	187

(1) Dans les deux tableaux les chiffres expriment des millions.

PÉRIODE RÉPUBLICAINE (1878-1885).

| ANNÉES | Recettes ordinaires. | DÉPENSES. | | | Amortissement. |
		Budget ordinaire.	Budget extraordinaire	Total.	
1878	2.851	2.790	552	3.342	165
1879	2.842	2.869	453	3.322	168
1880	2.888	2.826	537	3.363	185
1881	2.909	2.881	738	3.619	144
1882	2.916	3.023	663	3.686	130
1883	2.958	3.100	614	3.714	166
1884	2.958	3.121	416	3.537	141
1885	2.985	3.226	258	3.484	143
Totaux.......	23.278	23.836	4.231	28.067	1.242
Moyennes annuelles.	2.909	2.979	529	3.508	155

Une première observation se dégage de l'examen des chiffres qui précèdent.

La moyenne annuelle des dépenses ordinaires et extraordinaires, pendant la période 1874-1877, a été de.................................. 2.905 millions.

Tandis qu'elle s'est élevée, pour la période 1878-1885, à.................... 3.508

La différence est de............... 603

D'autre part, pendant la première période, l'amortissement a été en moyenne, par an, de 187 millions, et durant la seconde, seulement de 155 millions, soit de *52 millions en moins.*

De telle sorte qu'il est exact de dire, en tenant compte de l'amortissement, que l'*administration des républicains a coûté à la France* **635 millions** *de plus par an, que l'administration des Conservateurs !*

Une seconde remarque, digne de fixer l'attention, porte sur la marche ascendante des recettes, à partir de 1874.

Les impôts créés en 1872 et 1873 avaient été établis avec une telle prudence et une si complète entente des choses financières, les affaires publiques étaient gérées par les conservateurs, avec une sagesse si prévoyante et si rassurante, que, loin d'aboutir à des mécomptes, chaque année se solde par une plus-value considérable des recettes. C'est ainsi que, de 1874 à 1878, les recettes s'accroissent de 345 millions, soit de *86 millions*, en moyenne, par année. Le mouvement se continue de 1878 à 1883, en vertu de la vitesse acquise, mais en se ralentissant, avec une moyenne annuelle qui n'est plus que de *21 millions*. En 1883, il s'arrête ; et, à partir de 1884, il se produit en sens inverse. Aux plus-values anciennes succèdent alors les moins-values dans le rendements des impôts, moins-values qui ont dépassé 36 millions de francs en 1885 et 72 millions en 1886.

De 1874 à 1877, avec des recettes annuelles moyennes de 2690 millions, les conservateurs équilibrent largement leurs budgets ordinaires, qui se soldent par un excédant total de 157 millions pour cette période.

De 1878 à 1885, avec des recettes annuelles de 2909 millions, (supérieures par conséquent de 219 millions) les budgets républicains aboutissent à un déficit total de 558 millions.

Ainsi, *avec* **219 millions** *de moins de ressources annuelles, les conservateurs soldaient toutes les dépenses ordinaires du budget et mettaient de côté, chaque année, plus de 59 millions.*

Avec **219 millions** *de plus, les Républicains ne parviennent pas à équilibrer leur budget ordinaire et rejettent chaque année sur l'emprunt* **70 millions** *de dépenses ordinaires.*

Mais ce n'est pas seulement dans les budgets *ordi-*

naires et *extraordinaires* qu'il faut aller chercher toute
les dépenses de l'Etat républicain. A côté de ces deux
budgets, ont poussé d'autres budgets parasites, auxquels
on a donné le nom de *caisses*, et dans lesquels se
dissimulent de grosses dépenses, qui viennent lourdement accroître les charges du pays. Citons la caisse
des chemins vicinaux, la trop fameuse caisse des lycées
et écoles, la caisse des chemins de fer, etc.

Aux dépenses de la période républicaine (1878-1885),
que nous avons vues plus haut s'élever, pour les budgets
ordinaires et extraordinaires, à....... 28.067 millions,
il convient donc d'ajouter, pour arriver
au chiffre exact des dépenses :

1° Le montant des avances faites à
la caisse des lycées et écoles de 1878
à la fin de 1885.................... 360

2° Le montant de celles faites à la caisse
des chemins vicinaux, soit environ.... 300

Total........................... 28.727 millions.

Déduisant de ce total le montant :

1° Des recettes ordi-
naires (1878-1885).... 23.278 millions.

2° Des sommes em-
ployées à l'amortisse-
ment de la dette, pour
la même période.... 1.242

24.520

il reste............................... 4.207 millions.

Ainsi, durant ces huit années d'administration républicaine, en pleine paix, alors que les désastres des
évènements de 1870 et 1871 étaient entièrement réparés,
notre dette s'est accrue de *quatre milliards deux cent
sept millions*, soit, en moyenne, de plus de *525 millions
par an !*

Et encore ce chiffre devrait-il être augmenté de 2 à

300 millions par an, si nous y comprenions le capital
produit par les obligations émises, au compte de l'Etat,
par les compagnies de chemin de fer, pour l'exécution
des conventions de 1883. Mais comme ce n'est pas tant
le total des sommes empruntées par l'Etat que nous
cherchons à faire ressortir, que le montant des dépenses
*qui auraient dû être payées par l'impôt et qui ont été
rejetées à tort sur l'emprunt*, nous avons cru devoir
laisser de côté, malgré leur exagération certaine, les
dépenses de construction des chemins de fer, auxquelles
on ne saurait dénier un caractère exceptionnel de
reconstitution d'outillage national, qui permet, nous
semble-t-il, de les porter au compte capital.

Nous disons que les 4 207 millions, qui représentent
l'excédant des dépenses sur les recettes, correspondent
à des dépenses exagérées, à des besoins qui n'étaient
pas tellement urgents qu'il fût nécessaire de les satis-
faire en recourant à l'emprunt, et à l'emprunt à jet
continu.

Dans un Etat sagement ordonné, comme dans un
établissement industriel prudemment dirigé, il doit y
avoir, dans le produit des recettes normales, une part
réservée chaque année aux grosses réparations, aux
travaux neufs, à la reconstitution ou à l'amélioration
du matériel industriel, et ce n'est pas à l'emprunt
qu'il faut recourir chaque fois que se présente une
dépense ayant un caractère tant soit peu exceptionnel
ou extraordinaire. Il nous semble que cette part est
facile à faire surtout, lorsque, chaque année, les recettes
s'accroissent, comme elles se sont accrues durant les
six premières années de l'administration républicaine
(de 1878 à 1883). En 1872, le budget ordinaire des
recettes ne s'élevait qu'à 1800 millions; il a été porté
à 2,500 millions par la création des 700 millions d'impôts
nécessités par la réparation des désastres de la guerre;
il s'est élevé ensuite peu à peu, à près de 3 milliards,

2

nous avons dit plus haut sous l'influence de quelles causes. Avec un peu de prévoyance et d'économie, le gouvernement aurait su profiter de cette augmentation des ressources normales, pour faire face à la plus grande partie des besoins légitimes du budget extra-ordinaire. Mais loin de faire ce que les conservateurs avaient su faire avant eux, les républicains ont imprimé à leurs dépenses une progression bien autrement rapide que celle que suivait la marche ascendante des recettes. Et tandis que, en moyenne, leurs recettes augmentaient seulement, chaque année, de 219 millions, leurs dépenses totales (y comprises celles des caisses des écoles et des chemins vicinaux) ont progressé dans une proportion dépassant *700 millions* par an.

Cela n'a qu'un nom dans toutes les langues : c'est *de la folie !*

Toute autre était la conduite des conservateurs quand ils étaient au pouvoir. En 1876, par exemple, les ressources ordinaires du budget, moins élevé cependant de 200 millions environ que les budgets postérieurs républicains, ont servi à pourvoir à 124,500,000 fr. de travaux extraordinaires.

La situation est si grave aujourd'hui, le désarroi de nos finances si manifeste, si éclatant, que le parti républicain est bien forcé d'avouer une partie de ses fautes, de frapper sa poitrine, et de convenir, comme le fait M. Vignancour dans sa profession de foi, que « *l'examen de notre situation financière révèle l'impérieuse nécessité des économies* »... *Habemus confitentem reum !*... (1).

_____

(1) Déjà, en février 1884, M. Tirard, alors ministre des finances, disait en plein bureau du Sénat : « Nous allons à l'aventure ; nous allons d'expédients en expédients, et nous sommes arrivés à l'impossibilité absolue de faire face aux dépenses qu'entraînent la loi portant création de l'armée coloniale, la loi sur les récidivistes, la loi sur les enfants assistés. ... »

Ce ne sont pas cependant les avertissements qui vous ont manqué.

Il fut un temps, qui n'est pas encore bien éloigné, où lorsque, à la tribune du Parlement, dans les réunions électorales, dans la presse, nos orateurs et nos publicistes criaient à la prodigalité et découvraient l'abîme vers lequel vous marchiez, vous nous répondiez « Mensonge! calomnie! » Vous affirmiez que vous alliez assurer la prospérité du pays, lui créer un outillage qui devait décupler ses forces morales et productrices, et donner un développement inouï à son commerce et à son industrie... Vous vous trompiez ou vous *nous* trompiez, et l'avenir s'est chargé de vous infliger le plus sanglant, le plus cruel démenti.

Vous avez épuisé la poule aux œufs d'or, et elle commence déjà à vous refuser ses précieux produits.

Voyez plutôt.

Vos impôts directs rentrent de plus en plus difficilement; les frais de poursuite vont, depuis quelques années, en augmentant, et ont atteint, en 1886, la proportion inusitée de 2 fr. par mille, trois fois plus élevée qu'en 1867 et 1868.

Le produit de vos impôts indirects, (qui normalement doit progresser chaque année, puisqu'il s'agit surtout d'impôts de consommation, et que, par suite de l'excédant des naissances sur les décès, le nombre des consommateurs augmente d'année en année), décroît dans une proportion inquiétante. La diminution d'une année sur la précédente a été, en chiffres ronds :

En 1884 de 7 millions de francs.

En 1885 de 11   —

En 1886 de 34   —

Les recettes des chemins de fer se sont abaissées, en 1885, de 36,500,000 fr., bien que le réseau ait été accru de 600 kilomètres durant la même année. Les 40 premières semaines de 1886, accusent une diminution de 39 millions 1/2 sur la période correspondante de 1885.

La navigation n'a pas profité de cette perte des chemins de fer: car, en 1885, son mouvement est tombé de 21,000 tonnes transportées à 19,000, soit une diminution de 8 pour cent.

Les transactions commerciales ont été atteintes dans une effroyable mesure. En 1872 et 1873, au lendemain de nos défaites, nos exportations excédaient nos importations de plus de 400 millions. Depuis quelques années, ce sont les importations qui sont en excédant, et cet excédant a été :

En 1882 de 1,247 millions
En 1883 de 1,352 —
En 1884 de 1,175 —
En 1885 de 1,030 —

En même temps, le chiffre total d'affaires suit une progression décroissante ; il était :

En 1882 de 8,396 millions
En 1883 de 8,256 —
En 1884 de 7,876 —
En 1885 de 7,400 —

perdant ainsi 1 milliard de 1882 à 1885.

D'autre part, pendant que toutes les valeurs étrangères montent, nos fonds publics sont en baisse. Pendant que nous négociions notre emprunt 3 % à 99 fr. 80, le 3 % anglais valait 102 fr., c'est-à-dire qu'il y avait pour nous une perte de 22 fr. par titre de rente. Pendant que notre 4 1/2 % ne valait que 110 fr., le 4 % américain valait 135 fr. Depuis le 16 août 1881, et avant la dernière crise provoquée par les bruits de guerre, notre 3 % avait déjà baissé de 3 fr. 68, tandis que le 3 % anglais avait haussé de 2 fr., le 4 % autrichien de 14 fr., le 4 % hongrois de 7 fr. et le 5 % russe (1877) de 9 fr.

A quoi bon insister d'ailleurs pour démontrer cette

vérité que tout le monde sent, dont tout le monde
souffre, et souffre cruellement du haut en bas de la
société, c'est qu'au lieu de la prospérité annoncée et
promise, c'est à la gêne pour tous, à la misère pour
beaucoup, à une crise sans précédent dans l'histoire des
80 dernières années que l'on nous a conduits.

II

La politique républicaine s'est affirmée, dès le premier jour, avec un double caractère incontestable, dont
elle n'a jamais su se défaire. Elle a été, à la fois, une
politique d'*infatuation* et une politique *sectaire*.

Les républicains, arrivés au pouvoir à une heure
où la prospérité, développée par la sage administration
de leurs prédécesseurs, touchait à son apogée, ont
éprouvé le vertige de parvenus en face d'une richesse
subitement acquise. « *La conduite des finances de la
France depuis six années*, écrivait, en mai 1883, M.
Leroy-Baulieu, *ressemble à une féerie où des milliards
inépuisables seraient à la disposition des caprices infinis
d'un homme longtemps pauvre et soudainement enrichi.* »

Nos nouveaux maîtres ont dépensé sans compter et
comme si la source des revenus publics était intaris-
sable. Avant tout, ils ont voulu faire grand, et éblouir
le pays par la hauteur de leurs conceptions et la
hardiesse de leurs plans. Il semblait qu'avant eux rien
n'eût été fait, et que tout était encore à faire. A les
en croire, les gouvernements précédents s'étaient traînés
lourdement dans des voies routinières, et de leur avè-
nement allait dater enfin une ère de progrès indéfini !
C'est sous l'inspiration de ce sentiment qu'ils se sont

lancés, en matière de travaux publics, comme en matière de politique coloniale, dans ces entreprises extravagantes, démesurément coûteuses, aussi mal conçues que mal dirigées, mises en train d'une façon désordonnée, poursuivies par soubresauts sous l'influence de préoccupations politiques plutôt qu'économiques, activées ou ralenties suivant les nécessités électorales du moment, et qui ont, en partie, abouti à un avortement humiliant.

Ils ont ainsi dépensé de 5 à 600 millions par an, jusqu'en 1883, pour la constitution directe par l'Etat d'un réseau de chemins de fer improductifs, qui ne paieront pas leurs frais d'exploitation, et dont chaque kilomètre, ayant pu être construit au prix de 60 à 80,000 francs, en coûte plus de 300,000 ! (1) C'est le trop fameux plan Freycinet, dont l'exécution, commencée avec un délirant enthousiasme, est venue aboutir, en 1883, à un aveu d'impuissance et aux conventions avec les grandes compagnies, si menaçantes pour l'avenir de nos finances.

L'ouverture simultanée de trop nombreux chantiers sur tous les points du territoire n'a pas eu seulement pour effet d'écraser nos budgets; elle a entraîné, au point de vue économique, des conséquences plus graves encore. L'impulsion anormale, factice, donnée aux travaux publics, a apporté un trouble profond au marché du travail, et complètement faussé la loi de l'offre et de la demande, en matière de main-d'œuvre. Elle a enfin puissamment

---

(1) « Il y a un grand nombre de lignes », disait récemment M. Léon « Say au Sénat. « qui, quand elles auront été achevées, ne « pourront être exploitées qu'à perte, et cette perte viendra grever le « budget. » Dans mon département non loin d'ici on a construit un « chemin de fer qui, l'année passée, a, je crois, produit 5,000 fr. « et dont l'exploitation a coûté 100.000 fr. Je sais bien que c'était « un chemin de fer stratégique, mais depuis qu'il a été construit, on « a déclaré qu'il ne présentait plus ce caractère... » (Séance du 19 février 1887.

contribué à développer, au grand préjudice des intérêts moraux et agricoles du pays, l'émigration des campagnes vers les villes, en aggravant ainsi un mal inquiétant pour notre état social.

Mais si funeste qu'ait été aux intérêts du pays l'infatuation républicaine, bien autrement désastreuse pour nos finances, pour le repos, la dignité et l'honneur de la France, a été la politique *sectaire* du nouveau gouvernement !

Les républicains sont restés, au pouvoir, ce qu'ils étaient dans l'opposition : un parti, impatient de faire prévaloir et d'assurer, par tous les moyens, le triomphe de ses idées politiques, philosophiques et sociales, et résolu à continuer, avec l'arme puissante de l'autorité, la lutte engagée contre l'adversaire de la veille (1). Ils n'ont pas compris que la mission d'un gouvernement, digne de ce nom, doit être essentiellement tutélaire, bienveillante, accueillante, protectrice de tous les intérêts respectables; que telle doit être surtout la mission de la *république* qui, son nom l'indique, est la chose de *tous*, et non pas la chose de *quelques-uns seulement*.

Là où ils ne devaient voir que des citoyens également dignes de la protection des lois et des pouvoirs publics, ils ont créé des distinctions, des castes, des privilèges. Dès le premier jour, ils ont divisé la France en deux camps : d'un côté, ils ont rangé leurs partisans ; de l'autre, leurs adversaires, aussi bien que ceux qui ne demandaient que du temps et un peu de sagesse pour se rallier à l'état de chose nouveau; et, à la tête des premiers,

---

(1) Dans une étude publiée récemment sur « *la politique religieuse du parti républicain,* » M. Etienne Lamy flétrit comme il convient, ce qu'il appelle : « la palinodie commune à ces fils de la Révolution, « si insatiables de liberté pour devenir populaires, si pressés, quand « ils deviennent nos maîtres, d'imposer d'autorité, leurs opinions, « leur morale, leur philosophie... » (*Revue des Deux-Mondes —* 15 Janvier 1887.)

ils se sont rués contre les seconds. A ceux-là ils ont, tout donné, les honneurs, les places, les faveurs, l'argent du budget, qui est cependant l'argent de tous ; à ceux-ci ils n'ont pas même accordé la justice. Et cette guerre fratricide, ils l'ont menée sans trève, sans relâche, sans souci des ruines qui s'accumulaient, sans pitié pour la France qui en souffrait, et, chose lamentable à dire, presque avec la complicité encourageante et joyeuse de l'ennemi d'au-delà du Rhin !

Il n'a plus suffi alors aux fonctionnaires de l'Etat d'être des serviteurs dévoués de la France ! Un passé irré-prochable, d'éminents services rendus au pays, le talent, l'honorabilité du caractère, la dignité de la vie, la cor-rection de l'attitude ne comptent plus pour rien ! Malheur à qui ne brûle pas l'encens au nez de la nouvelle idole ! Malheur à qui tient, de près ou de loin, par des liens de parenté, d'alliance ou d'affection, au camp ennemi ! Malheur à qui prétend conserver, dans l'exercice de ses fonctions, cette indépendance dont s'honoraient jadis les plus humbles serviteurs de l'Etat !

Au nouveau Dieu il faut avant tout des adorateurs fervents et d'une ferveur tapageuse ! Et le meilleur titre aux fonctions publiques c'est d'être, et surtout de se dire bruyamment républicain !

Ne fallait-il pas d'ailleurs assurer des places aux amis de la veille, à une clientèle électorale exigeante, aux fruits secs de la politique, aux malheureuses victimes du suffrage universel ?

Et alors, nous avons assisté à ce spectacle odieux, que l'on a appelé sévèrement, mais justement, *la curée républicaine* : Epuration scandaleuse du personnel de toutes les administrations ; — désorganisation de la magis-trature ; — mise à la retraite anticipée de fonctionnaires excellents ; — dédoublement de ministères ; — création de sous-secrétaires d'Etat ; — augmentation sans précédent du personnel des administrations centrales ; délation favorisée et érigée en système de gouvernement ; — véritable terreur exercée sur tous ceux qui, de près ou de loin, touchent aux services publics, depuis le plus humble cantonnier de village jusqu'à l'ingénieur en chef de nos chefs-lieux de département, depuis le plus modeste des suppléants de justice de paix, jusqu'aux magistrats de nos cours d'appel, depuis le dernier des receveurs buralistes ou des porteurs de contrainte, jusqu'aux directeurs des contributions indirectes ou aux trésoriers généraux !

Mais le grand obstacle à l'asservissement complet de la France à l'idée du *progrès républicain*, c'étaient les croyances religieuses ; et c'est surtout contre elles que s'est donné libre carrière l'intolérance de la secte au pouvoir.

Le mot d'ordre de la campagne anti-religieuse est parti des loges maçonniques, auxquelles les chefs du parti républicain obéissent servilement, quand ils ne leur appartiennent pas. On a essayé de le dissimuler sous cette formule hypocrite, dont la signification véritable ne trompe plus personne : « *Guerre au cléricalisme* ! » Aux naïfs qui ont pu s'illusionner, au début, sur la portée de cette déclaration de guerre, les républicains, par leurs actes, leurs écrits, leurs discours, se sont chargés, eux-mêmes, d'en expliquer le vrai sens.

Dissolution violente des congrégations ; — suppression des emblêmes religieux dans les lieux publics ; — expulsion des ministres du culte des casernes, des hôpitaux, des bureaux de bienfaisance ; — amoindrissement considérable des budgets des cultes ; — confiscation arbitraire des traitements ecclésiastiques ; — dépôt de projets de loi ayant pour objet de remanier l'organisation et la discipline de l'Eglise catholique, de supprimer son budget, de tarir la source du recrutement de son clergé ; — c'est là assurément un ensemble de mesures bien faites pour dissiper toute illusion et pour éclairer nettement le but poursuivi !

Il ne doit plus y avoir d'aveugles, à cette heure, que ceux qui ne veulent pas voir ! (1)

Mais toutes ces mesures, si menaçantes qu'elles soient pour le libre exercice du culte, sont impuissantes, on le sent bien, à détruire la foi ; et ce n'est à rien moins qu'à la suppression de toute croyance que visent les pouvoirs publics. On ne refait pas une âme aussi facilement qu'on chasse un fonctionnaire, qu'on expulse un congréganiste, et qu'on supprime un traitement de desservant ! Il faut renoncer à guérir de ses *superstitions surannées* la génération actuelle irrémédiablement infestée de l'esprit *clérical* ! C'est donc aux générations de l'avenir qu'on s'attaquera. Ce sont elles qu'on va préparer à recevoir le nouvel évangile scientifique ; ce sont elles qu'on va mettre à l'abri de cet enseignement religieux « *qui devient quasi fatalement,* pensait M. Paul Bert, *l'école de l'imbécilité et de l'antipatriotisme* ; » (2) ce sont elles qu'on va « *habituer à se passer de croyances et détacher doucement et sûrement de la foi !* » (3)

---

(1) Le 9 mai 1880 le franc-maçon Courdavaux, professeur à la Faculté des Lettres de Douai fesait à la loge « L'Etoile du Nord » de Lille une conférence sur les livres saints, dont voici le début : « Les Livres saints ! Je vais traiter devant vous, mes F.·., une question que je n'oserais traiter en aucun autre lieu. Tous, tant que nous sommes ici, maçons, nous sommes excommuniés ; nous sommes donc disposés à tout entendre ; devant vous, je puis tout dire. Le sujet que je vais traiter est le fond même de toutes les questions à l'ordre du jour. La distinction entre le catholicisme et le cléricalisme est purement officielle, subtile, pour les besoins de la tribune ; mais ici, en loge, disons-le hautement pour la vérité : le catholicisme et le cléricalisme ne font qu'un, et comme conclusion ajoutons : on ne peut être à la fois catholique et républicain ; c'est impossible... »

(2) M. Paul Bert disait, en 1882, dans une conférence publique : « La religion de la culture intellectuelle, l'enseignement des choses raisonnables, voilà notre religion ; il n'y en a pas d'autres... J'affirme que l'enseignement religieux devient quasi-fatalement l'école de l'imbécilité et de l'anti-patriotisme. »

(3) En novembre 1882, on lisait dans le journal « *Le XIX⁰ Siècle* » : « Il faut strictement tenir la main à la neutralité de l'école par l'en-

Et aussitôt, l'Etat confisque l'enfant, le parque dans ses écoles laïcisées et rendues obligatoires, et, sous prétexte de neutralité, livre, de 8 heures du matin à 4 heures du soir, sa jeune âme aux entreprises du zèle inconsidéré d'un jeune maître libre-penseur qui la façonnera d'après les préceptes de M. Paul Bert !

Mais quelles générations voulez-vous donc préparer à la France ? Et comment votre patriotisme ne s'épouvante-t-il pas des conséquences qu'entraînera pour l'avenir de votre pays la satisfaction de vos fureurs athées ? N'est-il plus vrai que la foi est la meilleure inspiratrice des grandes vertus, de l'esprit de sacrifice, de dévouement, et que ce sont les fortes croyances qui font les grands peuples ? Et quelles croyances allez-vous mettre dans l'âme des français de demain, à la place de celles qui ont soutenu, fortifié, ennobli l'âme des français d'hier ? Tenez, écoutez le cri d'indignation que votre criminelle entreprise arrache à un républicain de plus vieille date que vous, que vous répudiez aujourd'hui, que vous conspuez, parce que son libéralisme offusque votre despotisme : « *Oui*, dit M. Jules Simon dans son admirable livre : Dieu, Patrie, Liberté, *c'est l'âme de la France qu'il faut sauver, qu'il faut reconstituer ! Oui, c'est la morale et le patriotisme qu'il faut répandre! Oui, c'est sur la vertu que repose une république, selon l'immortelle définition de Montesquieu ! Oui, notre premier besoin et notre premier devoir, c'est de substituer le dévouement à la convoitise et à la haine. Mais n'en appelez pas à la neutralité, c'est-à-dire au nihilisme, pour*

---

seignement primaire ; parce que par là on agit sur la foi même. Ce n'est pas qu'on la combatte directement, puisque l'essence de la neutralité est, au contraire, de s'abstenir de toute attaque. Mais on habitue les esprits à s'en passer ; on les dresse à comprendre que l'on peut être un honnête homme et un bon citoyen, en dehors de tout enseignement de religion révélée. On les détache par là doucement, lentement de la foi... »

*cette grande œuvre. Le moment où vous biffez Dieu, est
celui où vous ne pouvez renaître, où vous ne pouvez vivre
que par lui !... L'homme a besoin de Dieu pour se défen-
dre contre lui-même, et la société en a besoin contre les
hommes !* »

Cette politique haineuse était peu faite pour paci-
fier le pays, rapprocher les cœurs des citoyens, rame-
ner le calme dans les esprits, relever la moralité
publique, et favoriser le travail national. Les forces
vives de la nation se sont usées dans les luttes quoti-
diennes des partis en présence, dans les agitations
électorales sans trève, dans les discussions stériles de
la politique.

On a livré au pillage de la rue le patrimoine glo-
rieux que la France avait péniblement amassé au prix
de dix siècles d'efforts généreux. Il n'est pas un prin-
cipe, économique, philosophique ou religieux, qui n'ait
été contesté et compromis ! pas une institution qui
n'ait été ébranlée ou détruite ! pas une tradition, si
nationale qu'elle fût, qui n'ait été odieusement outra-
gée !

Les Républicains se félicitent, comme d'un progrès,
de cet état d'instabilité des idées et des choses. « *La
République*, disent-ils fièrement, *c'est l'évolution indéfinie.* » *Révolution indéfinie* serait plus vrai. Mais enfin
évoluer, évoluer toujours, *évoluer* sans cesse, est-ce donc
le repos auquel le pays aspire par dessus tout, et dont
il a un si pressant besoin pour réparer ses forces épui-
sées ?

Ce pauvre pays haletant, surmené, surchargé, il
vous demande grâce, il implore une halte pour souf-
fler, pour reprendre haleine... Quand donc la lui don-
nerez-vous ? Il ne vous suit plus, prenez-y garde, que
par habitude de soumission, que par la peur qu'il a de
vous. Il murmure déjà sourdement, et est bien près
de jeter dans le fossé du chemin le bagage trop lourd

qui écrase ses épaules, et de s'arrêter à l'ombre du premier arbre qu'il rencontrera sur sa route. Vous le sentez bien, vous le redoutez, et vous prétendez cependant activer sa marche, et vous semblez disposés à recourir à la brutalité, s'il le faut, pour le pousser toujours en avant, après avoir alourdi son fardeau !

Ce sont de nouveaux emprunts, de nouveaux impôts que vous lui préparez.

Mais voyez donc ce que lui coûtent déjà votre débauche de fonctionnarisme et vos entreprises sectaires.

Le développement du fonctionnarisme ! Ah ! sous les gouvernements passés, l'avez-vous assez signalé comme une des plaies dévorantes de la France ! Avez-vous assez tonné contre les gros traitements et contre la multiplicité abusive des emplois publics !... Et dès que vous avez été les maîtres, vous avez agrandi la plaie, vous vous êtes hâtés de multiplier, et les emplois grands et petits (les *grands* surtout), et les gros traitements !

C'est ainsi que vos fonctionnaires civils nous coûtent, aujourd'hui, 402 millions par an, soit *134 millions de plus qu'en 1875*, où on ne leur payait que 271 millions. En sommes-nous mieux servis ?...

Et en même temps que vous avez augmenté à l'excès le chiffre des traitements civils, vous avez accru dans une large mesure les dépenses des pensions de retraite. Pour donner satisfaction aux appétits et aux haines qui se manifestaient autour de vous, il vous a fallu mettre prématurément de côté un grand nombre de fonctionnaires pleins de vigueur et en état de rendre de bons services ; vous en êtes arrivés dès lors à payer pour la même fonction, un double traitement : traitement de retraite à l'ancien titulaire et traitement d'activité à son successeur. Le chiffre des pensions civiles de retraite, qui n'était que de 39 millions en 1876, a été ainsi porté à environ 60 millions en 1887. C'est donc encore 21 millions de plus de dépenses annuelles que vous faites inutilement supporter au pays (1).

Mais c'est surtout dans les ministères que vous avez créé de grasses sinécures pour y installer l'élite de vos partisans auxquels il fallait les meilleures places, près du soleil ; et les abus accomplis de ce chef sont devenus véritablement scandaleux.

Déjà, en 1882, M. Ribot, député républicain, rapporteur de la commission du budget, signalait le mal en ces termes : « Il dépend d'un ministre qui arrive de changer par un simple décret l'organisation des services, de créer des... directions, d'augmenter le nombre des employés, de modifier le chiffre des traitements. *Il serait temps de mettre fin à ces abus...* En 1869, le traitement des employés des administrations centrales s'élevait à 14.359.938 fr.; il atteint aujourd'hui le chiffre de 18.324.968 fr. C'est donc une augmentation de 4 millions... »

Le mal, hélas! n'a fait que s'accroître et les abus se multiplier. La nomenclature complète en serait longue ; nous n'en citerons que quelques-uns , qui permettront de juger des autres.

Ce qu'on a surtout augmenté, dans les administrations centrales, c'est le nombre des employés supérieurs,

---

(1) L'âge moyen des retraités s'est abaissé notablement. Il était
en 1869 de 63 ans
en 1876 de 60
en 1882 de 57
en 1887 de 50 à 55.

Dans le discours qu'il vient de prononcer au Sénat, (le 19 février 1887), M. Léon Say, donne les chiffres suivants : « En 1871, disait-il « le chiffre des pensions civiles était de 32,500.000 francs. En 1885, « il était de 55 millions. — En 1871, les pensions militaires s'élevaient « à 46 millions ; en 1885, elles montent à 82 millions. — Le total « des pensions a la charge du Trésor est donc monté de 83 millions à « 149 millions de 1871 à 1885. — Le nombre des retraités, c'est- « à-dire des personnes qui sont entretenues aux frais du budget, « sans rendre de services actuels, qui n'était que de 130,000 en 1871, « est aujourd'hui de 206,000... »

qui se trouve porté à un chiffre hors de proportion avec celui des employés subalternes. Exemple :

A la direction des cultes, on compte 20 chefs pour 31 employés, aux beaux-arts, 30 chefs pour 70 employés; aux contributions directes, 11 chefs pour 19 employés; à l'enregistrement, 36 chefs pour 42 employés ; aux manufactures de l'Etat, 15 chefs pour 22 employés ; à l'agriculture, 32 chefs pour 67 employés.

Dans l'armée, un caporal commande au moins à 4 hommes ; dans nos ministères, un chef n'a pas toujours un employé et demi sous ses ordres!

Une loi de 1871 interdit d'accorder des logements dans les bâtiments de l'Etat; ce qui n'empêche pas que, de 1875 à 1885, dans les bâtiments du ministère des finances, on a construit ou aménagé 134 pièces, pour y assurer le logement: du sous-directeur du matériel, de l'architecte, du conservateur du mobilier, du surveillant-adjoint, du surveillant des travaux, du mécanicien chef, de l'aide-mécanicien, de 4 portiers, de 5 huissiers, de 4 hommes chargés de l'entretien des appartements du ministre, de la lingère, des brigadiers et des sous-brigadiers des hommes d'équipe, du lampiste-chef, de 15 pompiers, du fumiste-chef et du plombier!

Dans tous les ministères, grâce à des abus de ce genre, les dépenses ont progressé dans une effrayante proportion.

Citons, par exemple, le ministère du commerce et de l'agriculture. La dépense qui n'était que de 18 millions en 1875 (6 millions pour le commerce, et 12 millions pour l'agriculture), a été portée à 47 *millions* en 1884 (21 millions pour le commerce et 26 millions pour l'agriculture). Augmentation : 29 millions !

En ce qui touche les frais de bureau du même ministère, la dépense qui, en 1875, ressortait à 629 fr. par employé, s'élève, en 1884, à 1,447 fr., et ainsi, a été plus que doublée durant cette période.

Quelques détails feront mieux saisir la nature de ces augmentations.

La comparaison des articles du chapitre II des budgets de 1875 et 1884 donne, pour le ministère dont nous parlons, les résultats suivants :

	1875	1884
Fournitures de bureau..............	14.500ᶠ	27.000ᶠ
Abonnements, achats d'ouvrages...	8.000	16.800
Chauffage........................	20.000	40.000
Eclairage........................	2.500	23.500
Lingerie.........................	600	11.500
Hommes de peine auxiliaires.......	6.400	27.000
Habillement des gens de service...	6.500	13.000
Entretien du mobilier des bureaux.	2.000	27.500
Entretien des bâtiments!..........	3.000	27.500
Affranchissement de lettres, dépêches, voitures, menus frais............	2.500	40.000

C'est sur ce dernier crédit de 2.500 fr. que le ministre de 1875 prélevait les indemnités pour *travaux extraordinaires par des employés supplémentaires et gratifications*. En 1884, ce crédit, porté cependant à 40.000 fr., est devenu insuffisant; et au chapitre I, on trouve (art. 3 et 4), un crédit nouveau s'élevant en totalité à 62.500 fr. affecté à ces mêmes indemnités et gratifications; c'est-à-dire que là où le ministre conservateur de 1875 se contentait de 2.500 fr., il en faut 102.500 au ministre républicain de 1884.

Le montant total des traitements du personnel de l'administration centrale du même ministère (chap. I) s'est élevé de 559.000 fr. en 1875, à 980.000 en 1884, et les salaires des gens de service ont été portés, durant la même période, de 41.400 fr. à 100.000 fr.

Si nous payons bien chèrement le népotisme républicain, c'est encore à l'œuvre impie de la laïcisation que revient la plus grosse part dans l'augmentation effrayante des dépenses publiques.

Chasser de nos écoles les instituteurs et les institutrices congréganistes, qui ne coûtaient au budget que de 3 à 600 fr. chacun, pour les remplacer par un personnel laïque auquel on paie, par tête, un traitement annuel de 600 à 1.200 fr. peut être une mesure agréables à ceux que la vue d'une robe noire affole, mais constitue assurément une opération financière détestable et ruineuse. On n'a pas reculé devant la dépense, pas plus qu'on ne s'est arrêté devant les protestations des pères de famille.

Et voyez comme tout s'enchaîne. Pour créer d'un seul coup le personnel qu'on n'avait pas, on s'est lancé à corps perdu dans la construction d'écoles normales somptueuses, dont les dépenses sont venues grever lourdement les budgets départementaux, en même temps que ceux de l'Etat. Et comme on ne pouvait condamner à vivre, dans les modestes écoles de nos villages, de jeunes maîtres habitués au confortable des bâtiments luxueux de nos villes, on a jeté bien vite à bas les anciennes écoles, pour les remplacer par ce que l'on a appelé, non sans raison, des « *palais scolaires* ». Enfin, en ouvrant brusquement une large porte à l'ambition de la jeunesse de nos campagnes, désireuse d'échanger la lourde charrue du laboureur contre la férule du maître d'école, on a produit bien vite l'encombrement à l'entrée; et, à l'heure qu'il est, 6.428 aspirants aux fonctions d'instituteur et 12.741 aspirantes attendent, les bras croisés, la plupart sur le pavé des grandes villes, des places qu'on ne peut leur donner ; c'est ce qu'indique un avis de M. le ministre de l'instruction publique, inséré au *Journal officiel* du 25 décembre 1886. Quelle sinistre éloquence dans ces chiffres !... Songez-y donc ! Près de 13.000 filles *déclassées !*... Quelle vaste proie offerte au libertinage de nos grandes cités !...

Voilà, au point de vue de la moralité publique, à quoi aboutit la politique laïcisante de nos républicains.

En voici maintenant les résultats financiers :

Le budget de l'instruction publique
était, en 1875, de..................... 37 millions.

Il s'est élevé, en 1885, à............ 132 id.

        Augmentation........ 95 id.

Dans ces chiffres, les dépenses de
l'instruction primaire entrent, en
1875, pour............................ 17,967.000 fr.

et, en 1885, pour.................... 97.280.000 fr.

        Augmentation........ 79:.313,000

Chaque enfant de nos écoles ne nous coûtait que 4 fr. en 1875. Il nous coûte aujourd'hui plus de 20 fr., près de six fois plus.

Est-ce à dire que l'instruction populaire ait progressé en proportion des sacrifices accomplis? A entendre les républicains, les conservateurs n'avaient rien fait pour elle, comme si le budget de l'instruction primaire n'avait pas été porté déjà, sous l'administration de ces derniers, de 8.751.000 francs en 1870, à 17.967.000 francs en 1875, ce qui constitue, ce me semble, une augmentation raisonnable !

Quant à nos adversaires, ils ont eu la prétention naïve, de transformer nos écoles de village en autant de petites académies, et de faire de tous les jeunes citoyens de la République autant de Pic de la Mirandole, capables de disserter « *de omni re scibili et quibusdam aliis* ». Ils ont tellement surchargé les programmes, ils les ont si bien bourrés de toutes les matières pouvant faire l'objet d'un enseignement, depuis le chant de « *la Marseillaise* » jusqu'aux éléments du droit et de l'économie politique, (à l'exclusion toutefois du catéchisme,) que leurs maîtres ahuris y perdent le peu de latin qu'ils savent, et se livrent à un véritable jeu de casse-tête chinois, pour faire entrer dans les heures de la journée les trop nombreuses matières qu'on les condamne à enseigner.

Que deviennent, entraînées dans cette course haletante à travers un monde de connaissances à peine entrevues, les jeunes intelligences d'écoliers de dix ans? « *Depuis qu'on enseigne tout dans les écoles, on n'y apprend plus grand chose* » écrivait, en 1883, M. Jules Simon, dont on ne contestera pas, sans doute, la haute compétence. Et après avoir énuméré les matières renfermées dans les nouveaux programmes de l'enseignement primaire, il ajoutait : « *Dans 10 ans, il n'y aura que les idiots qui ne posséderont pas ces belles connaissances; aujourd'hui, il n'y a pas un seul des députés et sénateurs ayant fait la loi qui les possède!... Nous avons réalisé chez nous le système savant, compliqué, à l'aide duquel la Chine s'est atrophiée méthodiquement pendant des siècles!...* »

Depuis 1883, le mal n'a pas diminué. On en signalait les progrès ces jours derniers à la tribune du corps législatif, en même temps qu'un honorable inspecteur de l'enseignement primaire, M. Pécaut, les dénonçait lui-même, avec plus d'autorité encore, dans une lettre rendue publique.

III

Après avoir rapidement exposé les conséquences, pour les finances de l'Etat, de la politique suivie depuis 10 années par les pouvoirs publics, il me reste à signaler le contre-coup douloureux qu'en a ressenti la fortune départementale et communale.

Lorsque le tuteur est dissipateur, comment le pupille resterait-il économe ? Lorsque le premier pousse le second dans la voie des dépenses à outrance, comment celui-ci pourrait-il se maintenir dans les sages limites d'une sévère administration de sa propre fortune ?

Ce n'est pas seulement par son exemple, toujours contagieux (1), que l'Etat a entraîné les départements et les communes à grossir leurs budgets ; il a accordé une véritable prime d'encouragement à leurs prodigalités par le système excessif de ses subventions. Il a dit aux communes, comme, par exemple, dans la loi du 12 juin 1880, relative aux chemins vicinaux : « Dépensez hardiment 100 fr.; le département vous en donnera 150, et je vous en fournirai moi-même 250 ! » Et aussitôt l'élan a été donné : Comment en eût-il été autrement ? Les communes se sont saignées aux quatre veines pour bénéficier des largesses de l'Etat, et les projets de création ou de redressement de chemins sont venus s'entasser dans les préfectures, et sur les bureaux des conseils généraux, tant et si bien, que les départements et l'Etat lui-même ont promptement vidé leurs caisses, sans arriver, bien entendu, à donner satisfaction à un grand nombre de demandes qui restent en souffrance.

Et comme si le mouvement des dépenses communales n'était pas assez rapide, au gré de nos hommes d'Etat, ils n'ont rien trouvé de mieux que de briser les freins qui pouvaient le ralentir.

_____

(1) M. Leroy-Beaulieu écrivait, le 15 mai 1883, dans '' La *Revue des Deux-Mondes* '' : « Et comment (les contribuables) ne seraient-ils pas à bout de force, quant aux fléaux naturels dont ils subissent les coups vient se joindre, depuis quelques années, un accroissement presque constant des charges fiscales ? Les contributions ordinaires et extraordinaires locales s'accumulent, pour les luxueuses constructions d'écoles notamment, qui sont l'une des plus grandes folies de ce temps. L'Etat a beau dire qu'il n'a pas accru l'impôt foncier... il s'arrange avec ses débauches de construction de manière que le nombre des centimes additionnels monte chaque année ; et le personnel nouveau, improvisé, qui a envahi presque partout les conseils municipaux et les conseils généraux, subissant directement les incitations du gouvernement, développe les budgets locaux à l'instar des budgets de l'Etat. La France est pleine d'un bout à l'autre, de grenouilles qui s'enflent pour jouer de l'importance, et faire les personnages. »

Jadis, lorsqu'il s'agissait de créer des centimes extraordinaires communaux, la loi prescrivait, pour la validité du vote, l'adjonction au conseil municipal des propriétaires les plus imposés, en nombre égal à celui des membres de ce conseil.

C'était une mesure sage et prudente dont les contribuables s'étaient toujours bien trouvés. Mais il paraît qu'elle n'était pas assez *démocratique*, et l'on a jugé qu'il était plus équitable de faire voter les centimes, (comme cela arrive parfois aujourd'hui), par ceux qui n'avaient pas à les payer ! C'était, dans tous les cas, un sûr moyen d'activer les dépenses ; et comme la parcimonie de nos communes faisait honte à la prodigalité de l'Etat, la loi du 5 avril 1882 est venue supprimer ce reste des institutions réactionnaires des régimes passés !

Ce frein brisé, il semblait qu'il n'y eût plus rien à faire, et que la machine, n'étant plus retenue, allait se lancer sur la pente où on la poussait. Mais on avait compté sans le bon sens et la sage prudence de nos populations rurales, décidément réfractaires, au moins en matière de dépenses publiques, au progrès républicain. Tant qu'il s'agissait de créations de chemins, passe encore ; la machine marchait assez bien ! Mais lorsqu'il s'est agi de la construction des « *palais scolaires* », elle a refusé d'avancer ; des résistances inattendues se sont produites dans les conseils municipaux. Et alors qu'a fait l'Etat républicain ? S'est-il incliné devant des scrupules respectables.... les scrupules de l'homme qui refuse le dernier sou de sa bourse, pour une dépense qui lui semble inutile ou au moins superflue ?... Ne le croyez pas ; ce serait mal connaître le personnage ! Il a pris tout simplement l'homme au collet et lui a arraché sa bourse. La loi du 20 mars 1883 édicte, en effet, dans son article 10, qu'en cas de refus d'un conseil municipal de subvenir aux frais de construction ou d'appropriation des maisons d'école, l'administration y pourvoira *d'office*, au moyen, soit d'un *prélèvement* sur les ressources disponibles de la commune, soit d'un emprunt contracté, *au nom de la commune*, par un délégué désigné par le Préfet. Après cela, n'est-il pas vrai, il ne reste plus qu'à tirer l'échelle !...

Il n'y a donc pas à s'étonner que le nombre des centimes additionnels communaux ait subi une énorme augmentation. De 1881 à 1885, il s'est accru de 143,000 pour toute la France. La moyenne par commune, qui était, en 1881, de 48, s'est élevée à 53 en 1885.

Les centimes *communaux* rapportaient, en 1881 99 millions ; en 1885 , 121 millions ; soit une augmentation de .... 22 millions

D'autre part, le produit des centimes *départementaux* s'est élevé de 55 millions 1/2 en 1881, à 67 millions en 1884, avec une augmentation de.................. 11 millions 1/2

C'est donc un accroissement de charge annuelle de......................... 33 millions 1/2 qui est venu, en 4 ans seulement, du chef des dépenses départementales et communales, s'ajouter à celles du budget de l'Etat.

En ce qui concerne spécialement le département des Basses-Pyrénées, les chiffres sont intéressants à étudier de près.

Nos centimes extraordinaires départementaux se sont élevés de 10 1/2 en 1875, à 26 1/4 en 1885 ; et les dépenses annuelles de notre budget départemental se sont accrues, durant la même période, de 695,000 fr.

Le nombre total des centimes communaux était, pour les 558 communes de notre département :

En 1878, de 16,548
En 1884, de 28,760

L'augmentation a été de 4,212 centimes, soit de 25 0/0. Mais, symptôme inquiétant, en même temps que le nombre des centimes progressait, le revenu annuel des communes, autres que le produit des centimes, allait décroissant dans une désolante proportion. Pour l'ensemble des 558 communes, ce revenu s'est abaissé

de..................... 3,304,490 fr. en 1878

à..................... 2,676,299 fr. en 1884

avec une diminution de.... 628,191 fr. soit de 19 0/0 ou 1/5. Et en laissant de côté les 28 communes pourvues d'octrois, pour lesquelles l'augmentation des taxes a été une cause d'augmentation qui fausse le calcul, les chiffres deviennent les suivants :

Revenus annuels,

En 1878.................... 1.528.833

En 1884.................... 820.559

Diminution................... 708.274 (46 0/0,
presque la moitié).

Or, comme, — le produit des centimes et des octrois écarté, — la principale source *variable* des revenus des communes est le revenu des biens communaux, on peut dire que, dans] cette période de 6 années, nos communes, pour faire face aux dépenses excessives dans lesquelles on les a lancées, ont augmenté de 25 0/0 les charges de leurs contribuables, et ont aliéné, en même temps, près de la moitié de leur domaine patrimonial!

Voilà ce qu'ont fait les républicains, dans l'Etat, dans les départements, et dans les communes, de la fortune publique que les conservateurs leur avaient laissée prospère et solidement assurée! Ils viennent de nous montrer, dans la discussion du budget de 1887, l'impuissance où ils sont de rétablir l'ordre dans l'immense désordre qu'ils ont créé. Des économies! ils n'en ont su faire aucune.... Je me trompe. Dans le budget de l'instruction publique, il y avait un crédit de 715.200 fr. affecté aux secours à d'anciens instituteurs dans le besoin. Sur cette somme, 3.000 fr. étaient consacrés aux anciens instituteurs *congréganistes* : la commission du budget n'a pas hésité à les supprimer !....

M. Royer-Collard disait un jour à la Chambre des députés : « La démocratie est, de sa nature, violente, guerrière, banqueroutière. Avant de faire un pas définitif vers elle, dites un long adieu à la liberté, à l'ordre, à la paix, au crédit, à la prospérité !.... »

Décidément, M. Royer-Collard avait raison.

www.ingramcontent.com/pod-product-compliance
Lightning Source LLC
Chambersburg PA
CBHW060457210326
41520CB00015B/3981